JN410909

해야
해야
노올자

시읽는어린이 14

해야 해야 노올자

2008년 4월 15일 1판 1쇄 발행
2013년 1월 5일 2판 1쇄 발행

지은이 전원범 / 펴낸이 임은주
펴낸곳 청개구리 / 출판등록 2003년 10월 1일 제406-2011-000050호
주소 (413-756) 경기도 파주시 문발동 파주출판도시 534-4번지 301호
전화 031) 955-1816(관리부) 031) 955-1817(편집부) 팩스 031) 955-1819
전자우편 treefrog2003@hanmail.net / 네이버 블로그 / 청개구리출판사

편집주간 조태봉 / 책임편집 김은선
그림 우제길 / 표지그림 주세영

책값은 뒤표지에 있습니다.
잘못된 책은 바꾸어 드립니다.

First published in Korea in 2013 by CheongGaeGuRi Publishing Co.
Printed in Korea.

ISBN 978-89-97335-11-4 (73810)

이 도서의 국립중앙도서관 출판시도서목록(CIP)은 e-CIP 홈페이지(http://www.nl.go.kr/ecip)와
국가자료공동목록시스템(http://www.nl.go.kr/kolisnet)에서 이용하실 수 있습니다.
(CIP제어번호: 2012005893)

시읽는어린이 14

해야 해야 노올자

전원범 연작동시집

청개구리

머리말

동시는 어린이의 마음, 곧 때묻지 않은 순수한 마음으로 발견한 새로운 느낌의 시입니다. 새롭게 나만이 느낄 수 있는 세계란 사실이나 실제의 일이 아니고 다른 사람이 미처 생각하지 못했던 점을 찾아내어 그것을 색다른 감동으로 적는 것입니다.

이 동시집의 시들도 '해와 관련되는 빛의 세계'를 새롭게 보려고 노력했습니다. 맨 먼저 「해」라는 작품이 1975년 《중앙일보》 중앙문예에 당선되었는데 이것이 「해 · 1」입니다. 그후에 해에 대한 감동은 계속되어 30년 동안 꾸준히 쓰게 되었고 마침내 「해 · 70」까지 이어지게 되었습니다.

해는 세상에 원초적 빛을 주고, 따뜻한 기운을 만들어 주는 것이지만 보기에 따라서는 아이들이 가지고 노는 장난감일 수도 있고, 빛과 소리를 나눠 주는 손길일 수도 있습니다. 또한 아이일 수도 있고 우리들의 희망이기도 합니다. 뿐만 아니라 새롭게 살아나는 힘이요, 어둠을 몰아내는 밝은 생명이기도 합니다.

어린이가 우리의 빛이요, 희망이요, 미래이듯 해도 우리의 꿈이요, 희망이요, 밝음의 세계입니다. 다른 동시와 달리 이 「해」 연작은 그동안 동인지 『동심의 시』에 주로 발표해 왔고 해마다 몇 편씩 써서 70편에 이른 것입니다.

다른 연작시와 달리 「해」 연작시는 '해'라고 하는 소재와 함께 주

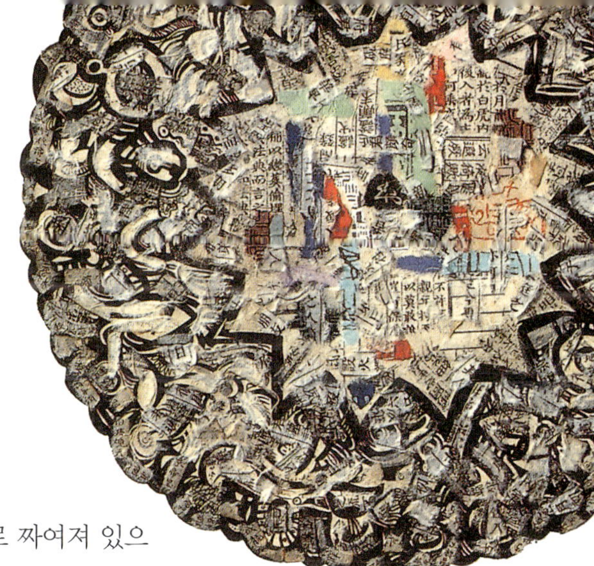

로 밝음 · 생명 · 희망의 주제로 짜여져 있으며, 엄마의 따뜻한 손길이나 가슴의 이미지로 이뤄져 왔다고 생각합니다. 어둠을 사르는 밝음, 구겨진 곳을 펴고 아픔을 다스리는 손길, 자상하고 따뜻한 어머니의 마음이 해에서 나타내고자 하는 것들이었습니다.

오랜 기다림의 끝에서 연작 「해」를 묶게 되어 마치 한 매듭을 짓는 듯하여 기쁩니다. 이 시집이 나오기까지 힘을 모아 주신 많은 분께 감사드립니다.

2013년 새해 아침
지은이 전원범

차례

제1부 해바라기 씨를 먹으면

제2부 팽이채에 햇살을 감는다

제3부 아이들에겐 추위가 없다

제4부 맨살의 해는 바퀴가 되어

제5부 해의 발자국을 따라가 보면

제1부

해바라기 씨를 먹으면

해를 차고 싶다

—해 · 1

하늘에서 해를 궁굴리는 사람은 누구일까
공처럼 차고 다니는 사람은 누구일까
아가는 빨간 해를
궁굴리고 싶다.
빨간 해를 차고 싶다.

두 손으로 둥근 해를 굴리면서
둥근 해를 차고 다니면서
기지개를 켠다.
나뭇가지마다 해를 걸어 놓고
꿈속에서 아가가
기지개를 켠다.

게들
—해 · 2

낮에 갖고 놀다가
바닷속 깊이 묻어 둔
아이들의 빨간 해.
이른 아침 개펄을 열어 놓고
한 마리씩 기어 나와
조금씩 조금씩
빛을 물어 나르는
게들.

날마다 한 개씩 떠오르는
아이들의 빨간 해.

해를 불지르기 위해
수천 수만 마리의 게들이
기어 나와
두 개씩 성냥개비를 들고
뭍으로 뭍으로
기어올라갑니다.

해바라기 씨를 먹으면

—해 · 3

해바라기 씨를 먹으면
가슴에 활활 타오르는 해.

아침의 흰 도화지
푸른 나무 끝에
이글거리며 타오르는 해.

해가 뜨지 않는 나라에
해가 없는 아이들에게
둥그런 해를 그려 보내고 싶다.

내 하루를 감돌면서
훈훈히 차오르는 가슴의 해,
해는 한 개의
커다란 과일이었다.

해바라기 씨를 먹으면
가슴마다 활활 타오르는
빨간 해.
해가 뜨지 않는 나라에
해가 없는 아이들에게
해를 보내고 싶다.
해를 그려 보내고 싶다.

공이 되어

—해 · 4

먼 옛날
그 어릴 적 운동장에서
차올렸던 공들이
하나씩
굴러 내린다.

눈 감으면
빠알간 풍선이 되어
떠오르던 꿈
그 옛날의
기쁨들이

공이 되어 굴러 내린다.
해가 되어 내린다.

둥지 속에도

—해 · 5

이 세상에서 가장 아늑하고
이 세상에서 가장 조용한 곳.
산새알 삼 형제가
잠자는
둥지 속에도
날마다 해는
잊지 않고 찾아옵니다.
이 세상에서 가장 곱고
이 세상에서 가장 밝은 빛으로
산새알을 색칠해 두고
해는
말없이
떠나갑니다.

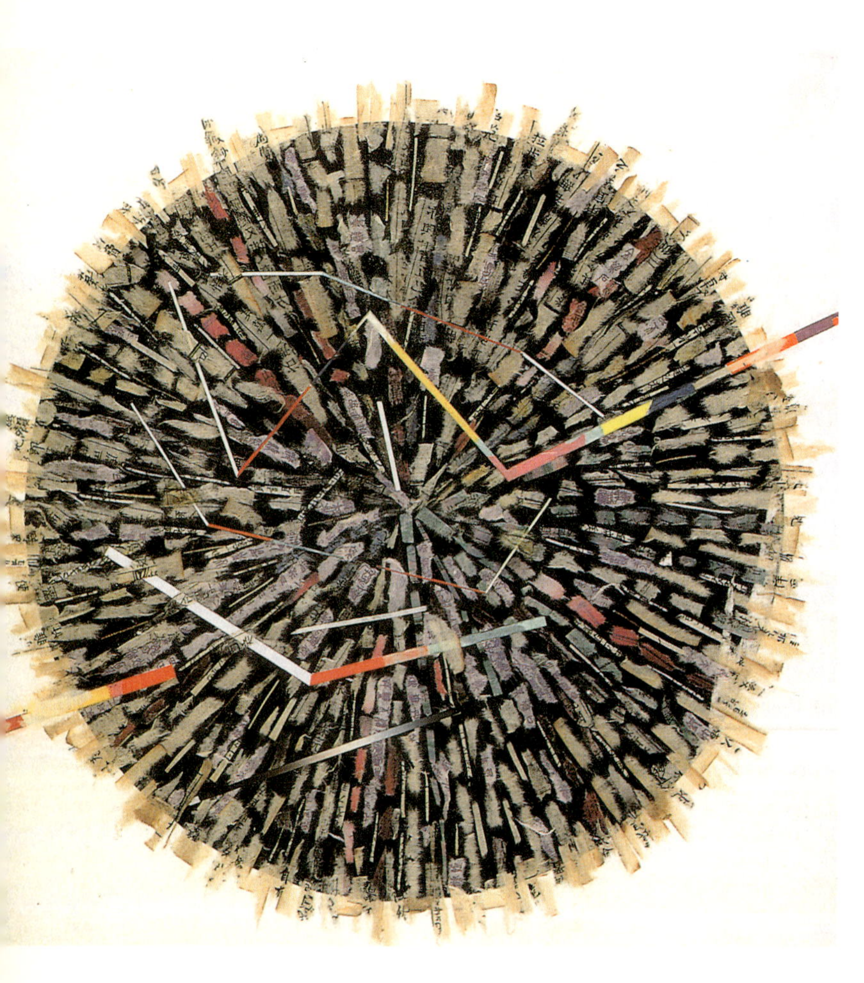

고이는 햇빛

—해 · 6

착하디착한 꽃들이
이른 새벽부터
해를 맞으러 가는 소리가 들린다.
아가의 웃음을 닮은 꽃들이
보둠고 온 이슬 방울.
그 속에도 하나의 해가 있고
파아란 하늘이 차 있고
우르르 달려가는 아이들이 있다.
해가 뜨면 꽃이 피고,
꽃이 피면 아가가 웃고,
아가가 웃을 때마다
엄마의 가슴에 고이는 햇빛.
착하디착한 꽃들이
이른 새벽부터
해를 맞으러 가는 소리가
들린다.

누구의 가슴에나

—해 · 7

누구의 가슴에나 살아서
누구의 가슴에나
떠오르는 해.
누구의 가슴에나 내려서
누구의 가슴에나
잠자는 해.
한 장의 도화지
파란색 도화지 위에
빨간 해를 그리면
하늘은 금세
바다가 되어 출렁인다.
끝없이 끝없이 떠내려가다가
누구의 가슴에나 살아서
누구의 가슴에나
내리는 해.

예쁜 색실들

—해 · 8

둥근 해를 싣고 다니던 돛단배들이
장대를 높이 든 채
돌아오고 있다.
빨간 해가 발을 씻는 저녁 바닷가
나무들이 모두 나와서
빈 손으로
저녁노을을 쓸고 있다.
당당하게 서서
남은 불빛들을 쓸어 내리고 있다.
불씨를 다독이면서
빨갛게 빨갛게
바다는 물들어 가고
바닷물에 조금씩 조금씩 풀어지는
해의
예쁜 색실들.
장대 끝에 색실들을 걸고

돛단배가 돌아오고 있다.

웃음이 되고
—해 · 9

껍질을 깎으며
능금 속에 재여진 햇빛을
한 가닥씩
벗기다 보면
시디신 햇살.

햇살은 입 안에서
눈 가느다란
웃음이 되고,
웃음은 살아나서
해가 되고,
해는
또
하나
능금이 된다.

저리도 큰 사과를

—해 · 10

저리도 큰 사과를
누가 던져 놓았을까,
빨갛게 빨갛게만 익어 가는
둥근 사과.

꿈속에서 아가가
사과를 먹는다.

사근사근
밝은 해를
베어 먹는다.
잠자는 아가의 두 볼이
해처럼 빨갛게
익는다.

새는 보았어요

—해 · 11

새는 보았어요.
고 까아만 눈으로
아침이 열리는 숲 사이
잎마다 와서
꽂히는
금바늘.

해의 누우런 바퀴에서
풀려 나오는
색실을 보았어요.
털목도리보다 따순
해의 웃음소리를
들었어요.
새는.

해를 찾으러 갑니다

—해 · 12

하늘이 까맣게 물들기 시작했습니다.
겨울은 바쁘게 돌아다니며
거리마다 마른 나뭇가지를 꽂아 놓았습니다.
하늘에서는 흰 눈이 내립니다.
해는 어디로 갔을까,
눈을 맞으며 걸어갑니다.
발자국에도 눈이 내리고,
그림자에도 내리고,
눈이 내리는 곳마다 발자국을 찍으며 갑니다.
해를 찾으러 갑니다.
있는 대로 발자국을 다 찍어 보아도
해는 보이지 않습니다.
들 끝으로 걸어가다가 거기 눈 속에
나는 가만히 묻혔습니다.
발자국도 묻히고 그림자도 묻혔습니다.
잠이 들었습니다.

그 속에 해도 묻혔는지 모릅니다.
평평 잠 속에 눈이 내렸습니다.
'우석아'
부르는 소리에 눈을 떴습니다.
누나의 이쁜 얼굴이 웃고 있습니다.
아 참, 누나의 얼굴에서 해가 살아나고 있습니다.
누나의 눈 속에도 해가 살아 있습니다.
안방에서 해가 조금씩 타오릅니다.
내 가슴속에서도 타오르기 시작했습니다.
겨울잠을 자는 것들의 꿈속에서도
모락모락 타오르고 있습니다.
해 속에는 늘 뜨거운 우리의 마음이 있습니다.
마음이 식을 때에는 뜨거운 바늘이 되어
가슴에 쏟아져 왔습니다.
추운 겨울밤
아랫목으로 모이는 식구들의 발끝

거기에도 해가 타고 있습니다.
아침이면 봉창에 하얗게 부서질 해를 달구면서
우리 집 안방에서는
맛난 잠들이 익어 가고 있습니다.

아이들의 해

—해 · 13

막아도 막아도 터지는 문구멍.
유경이 · 우석이 · 우진이 · 지훈이
손가락이 들락거리는 문구멍.
그 새로
화안한 햇빛이 한 줌 쏟아진다.
방 안에도 타오르는 해들
유경이의 해
우석이의 해
우진이의 해
지훈이의 해
유경이의 해는 유경이의 눈 속에
우석이의 해는 우석이의 눈 속에
우진이의 해는 우진이의 눈 속에
지훈이의 해는 지훈이의 눈 속에
살아 있고,
우진이 · 우석이 · 유경이 · 지훈이는

엄마의 해가 되어
아빠의 해가 되어
엄마, 아빠의 가슴에서
활활 타오른다.

이슬 방울 속으로

—해 · 14

아침에 일어나서
돌아다녀 보면
이상한
일들도
참 많다.
떠오르는 해는
하나인데
사방에 흩어져 있는
별 같은
해 씨들.
가장 커다란 해가
가장 작은 이슬 방울 속으로
들어가서
가장 작은 빛으로
가장 크게
웃는다.

제2부

팽이채에 햇살을 감는다

항아리 속에

—해 · 15

아무도
보지 못했을 거야.
우리 집 뒤란
빈 항아리 속에
하늘 한 자락이
숨어 있는 것을.

아무도 모르는
이 항아리 속
작은 하늘에
하루에 한 번씩
해가 와서 놀다 가고,
하루에 한 번씩
내가 가서
놀다 온다.

바퀴가 구를 때

—해 · 16

하늘에 푸른 물이 고여서
출렁이는데
온몸에 빛을 달고
바퀴 하나가 굴러간다.
바퀴가
구를 때마다
플라타너스 잎은
은 조각이 되고.
바퀴가
구를 때마다
능금나무에는
백제의 해들이 와서
걸린다.
은 조각을 줍다가
광주리 가득
해를 따다가

겨울 깊은 곳에 묻어 두고,
하나씩
꺼내어
빛을 베어 먹는다.
백제의 해를
베어 먹는다.

뱅뱅 돌아가는

—해 · 17

팽이
치는
아이들이
아침부터
팽이채에 햇살을 감는다.
팽이를
칠 때마다
팽이 속
뱅뱅
돌아가는
해
하나.

하얗게 웃는다

―해 · 18

식구들의
구겨진
마음을
한 올씩
한 올씩 펴면서
엄마가
빨래를 한다.
빨랫방망이 끝에서
부서지는
햇빛.
해는
부서지면서도
하얗게
웃는다.

쏘아 올리는 소리

—해 · 19

아이들이 밖에 나와서
해를 쏘아 올린다
핑핑하게 살아서 튀어 오르는
해를
발로 차고 다닌다.

해를 만드는 사람은 누구일까
공처럼 둥글게 만드는 사람은 누구일까

구부러진 골목길에서도
좁은 마당에서도

해를 쏘아 올리는 소리
유리창을 부수며
해를 차올리는 소리

반디가 되어

—해 · 20

풀숲에서 놀던 햇빛들이
미처 해를 따라가지 못하고
밤에야 불씨로
날아오른다.

어둠 속에서
어둠 속에서
반디가 되어 날아오른다.
파랗게 날아오른다.

내미는 얼굴

—해 · 21

크레용 하양색이
다
닮아지도록

또 한 번
세상을 덧칠하고 나서

누가 맨 먼저
발자국을 찍는가 보려고

내미는
얼굴
둥근 해.

학교가 불났다

—해 · 22

운동장 가득 뛰어놀고 있다.
발자국만 남아서
뛰어놀고 있다.
아무도 없는 시골 학교
유리창도 꼭꼭 잠긴 여름 방학.
아이들은 모두 어디로 갔을까
선생님도 다 어디로 가셨을까

차마 떠나지 못하고
운동장만 뱅뱅 돌던 해.

야, 저기 봐라
학교에 불났다
유리창마다 빨갛게
불지르며
해가 넘어간다

산 너머로 도망치고 있다.

일어서고 있다

—해 · 23

소리라는 소리는 모두 거두어 가지고
빛깔이라는 빛깔은 모두 거두어 가지고
밤 내내 무엇을 하는가
어디서 잠을 자다가
해는 또
저리도 일찍 일어났을까

새벽녘서부터 해는
색칠하기에 바쁘다
꽃은 빨간 꽃이게 하고
잎은 파란 잎이게 하고

세상 모든 것들에게
하나씩 또 하나씩
소리를 놓고 다니기에 바쁘다.
새에게는 새소리를
풀벌레에겐 풀벌레 소리를……

빛깔이라는 빛깔을 모두 풀어 놓고
소리라는 소리는 모두 달아 놓고
해가 산마루에서
일어서고 있다.

뜨개질에 바쁘다

—해 · 24

거미줄 사이로
이쁜
해의 뿌리가 내린다.

해는
커다란 실타래를 풀어서
들리지 않는 소리로
가만
가만
뜨개질에 바쁘다

꽃을
뜨고
나무를
뜨고……

나뭇가지마다

—해 · 25

팔이 아프도록
나무는
손을 흔들고 있다.

수천의 손바닥으로
해를 받으며
하나씩 열매 맺는
나무.

나뭇가지마다
열리는
작은 해들.

아침이 오고 있다

—해 · 26

싱싱한 아침이 밀려오고 있다.
한 덩이 해를 끌어올리기 위해
줄달음치는 나무들
장난감들이 모두 살아나서
움직이기 시작한다.

잠에서 깨어난 우진이는 탱크를 몰고
어디론가 갔고
바람개비를 앞세운 채 우석이는
언덕배기로 올라갔다.

창을 열면
아침의 사이로 달려가는 모든 것
그 나무들 사이로 하나
빨간 해가
굴러 오고 있다.

웃고 있다

—해 · 27

금빛으로 일어서는
이른 아침

이슬을 걷으러 다니던
해가
가만히 멈춰 서서
웃고 있다.

잎 끝에서 부서지는
물방울을 보며

나뭇가지에서 막 트이는
새순을 보며

금방 열리는
꽃을 바라보며

반짝
웃고만 있다.

커다란 실타래

—해 · 28

해 속에는
일곱 빛깔의 색실이
들어 있다.

빨주노초
파남보
색실을 풀어서
잎을 만들고
꽃을 만들고
나비를 만들고
……

해는
은총의 빛을 내리는
커다란
실타래.

지훈아

—해 · 29

달 한 덩이 베어 먹고
한잠 자고
해 한 덩이 베어 먹고
또 한잠 자고
잘도 자는
우리 아가.

하루 종일
뱅뱅 돌다가
아가의 마음이 되는
해.

온밤을
둥둥 떠다니다가
아가의 얼굴이 되는
달.

해 한 덩이 베어 먹고
해처럼 밝게 자라라
지훈아
달 한 덩이 베어 먹고
달같이 맑게 자라라
아가야

A/P WORK 89-3B
1989.

제3부

아이들에겐 추위가 없다

저마다 하나씩

—해 · 30

아무리 추운 겨울도
아이들을 이기지는 못한다.
벌판을 달리는
아이들을 말리지 못한다.

아이들에겐 추위가 없다
아이들에겐 겨울이 없다
저마다 하나씩
해가 있기 때문이다.

해가
질 때까지
아이들에겐 추위가 없다.

아무리 추운 겨울이라 해도
아이들을 이기지는 못한다
벌판을 달리는 아이들을
막아내지는 못한다.

아가는 꿈속에서

—해 · 31

기도하는 엄마의 목소리
모두가 가라앉는 저녁
아가가 잠드는 시간이면
해도 가만히
내려옵니다.

아가는 꿈속에서
해를 가지고 놉니다.
활개를 치며 달립니다
두 발과 두 손으로 해를 굴리며
꿈을 꿉니다.

모두가 일어서는 아침
아가가 눈을 뜨면
세상은 모두 다시 살아납니다.
서성이는 나무들이
기지개를 켭니다.

아이들의 해도 두둥둥
떠오릅니다.

둥그런 꽃

—해 · 32

꽃 속에 작은 해를 하나 묻어 두고
잠자는 아기 얼굴에
해를 하나 놓아 두고
아침을 풀었다가
다시 하루를 말아 올린다.
해는
커다란 빛의 얼레.

해는
이 세상에서 가장 큰 꽃
줄기도 잎도 없는
둥그런 꽃이다.

누구의 마음에나 빛으로 닿아서
누구의 마음에나 둥글게 감기는
불꽃.
푸른 하늘 한 자락 돌돌 말아서
꽃이 되는 빛.

숨을 죽이고

—해 · 33

작은 떨림으로
바람이 인다.

흙 사이로 나앉는 풀씨를
받으며
아까부터 해는
숨을
죽이고 있다.

겹겹이 싸 놓은
이야기를 풀어
꽃잎이
마악
벙그는 순간

조이던 가슴을 풀고
해도
가만히 웃는다.

맑은 창 하늘에

—해 · 34

하늘 한 자락 떠다가
창에 걸면
유리창은 하늘이 되고
하늘은
파랗게 밀려오는
바다가 된다.

창을 닦으면
구름이 닦이고
창을 닦으면
파도가 닦이고

맑은 창
하늘에
해가 솟는다
잔잔한 바다에
빨간 해가 솟는다.

해야, 어디서 쉬니

—해 · 35

하루 종일
빈 하늘만 헤매다가
빨간 해야
어디서 쉬니

둥글둥글
구르다가
뜨거워지면

장독대
빈 항아리 속
고인 물에
숨었다가 오지.

불 가지러 떠난다

—해 · 36

담장 밑 흙살에
호박씨 하나 묻어 두고

반짝
텃밭 고랑 사이
오이씨 하나 묻어 두고

이른 아침부터
서성거리는 해

하루치의 불을 들고 와서
여기저기 흙살을 데우다가

해가 떠난다
불 가지러 떠난다.

그물을 짠다

—해 · 37

금실을 풀어서
은실을 풀어서
해는 그물을 짠다.
연두빛으로 그물을 짠다.

아무리 먼 곳이라도
펼쳐지는
해 그물
아무리 외진 곳이라도
촘촘한
빛 그물

이쁜 봄 그물에
노랑나비가 걸린다.
하얀 나비가 걸린다.
호랑나비가 걸린다.

해가 내린다

—해 · 38

작은 풀씨에 이르기까지
와서 빛깔을 놓고 가는 이는 누구일까

나무 이파리마다
연두빛을 놓고
꽃잎마다 색색 물을 들이다가

아 저리도 많은 초록색 물감으로
온통 세상을 색칠하는 이는
누구일까

온종일 풀어 놓은 빛살들을
얼레에 감으며
오늘도
해가 내린다.

옥수수 알마다

—해 · 39

밀려오는 푸른빛 바람의
풍금 소리에
한 알씩 한 알씩
여물어 온
여름의 해
옥수수 알마다 촘촘히 박혀서
금색으로 빛나는
해.

여름 내내
나락 속에 쟁여지던 햇빛
빛을 털며
탈곡하는 날
마당 가득 떨어져 쌓이는
노란
해 씨들.

아이들이 갖고 놀던

—해 · 40

단군왕검 시절에
갖고 놀던 해
백제 때, 고구려 때, 신라 때
아이들이 갖고 놀던 해

들에서 산에서
바다에서
고려의 아이들, 조선의 아이들이
갖고 놀던 해

감았던 빛 다발을 풀면서
그때 그 해가 다시 떠오른다
아이들이 갖고 노는 해가
떠오른다.

다음의 아이들, 그 다음의 아이들이
더더욱 먼 훗날의 아이들이
대를 이어서 갖고 놀아야 할
우리들의 해

그 어느 때보다도 가장 둥글게
가장 따뜻하게
그리고 가장 밝은 얼굴로
해가 떠오른다
우리들의 해가 떠오른다.

걸어가는 해

—해 · 41

풀 한 포기
개미 한 마리까지도 잊지 않으시고
은혜를 주시는
당신의 손끝

꽃마다 찾아다니면서
색깔을 골라
입혀 주면서도
가만히 비껴 서 있는
당신

하늘 넓은 곳에
발자국을 남기며
말없이 걸어가는
해.

또 하나의 세상

—해 · 42

묵은 날을 불지르며 해는 하루의 문을 연다.
해를 맞으러 온 나무들이
기지개를 켜며 서 있는 이른 아침
잎사귀마다 빛을 터는 소리가 들린다.
이쁜 벌레들이 갉아내는
빛의 소리가 들린다.
등나무 넌출에, 잔그물로 내려앉는
아침의 냄새
그 그물 빛이 흔들릴 때마다
한 꺼풀씩 한 꺼풀씩
어둠을 벗기며
되살아나는 또 하나의 세상.

해는 지켜 보고 있다

—해 · 43

맑게 부서지는 아침을 받으며
기지개를 켜는 아이들
늘 푸른 아이들의 웃음소리를 들으며
다시 떠오르는 해

아이들의 까만 눈동자에
어린 꿈이 익을 때까지
그리하여
뜻있는 일들을 하나씩
이루어 갈 때까지
해는 지켜 보고 있다.

아이들의 팔 다리가 굵어지고
혼자서 이 땅을 딛고 설 때까지
골목에서나 운동장에서나
해는 내려다보고 있다.

해를 보며 자라는 아이들과
자라는 아이들을 내려다보는 해

제4부

맨살의 해는 바퀴가 되어

화살을 쏜다

—해 · 44

아침부터 해는
화살을 쏜다
작은 세상이 하나씩 들어 있는
수많은 이슬에
일제히 화살을 쏜다.

화살에 맞아서 부서지는
이슬 속 세상

해가 떠오를 때마다
무수히 날아가는
작은 세상들.

바퀴가 되어

—해 · 45

한 개의 과일이 쟁반에 놓이듯
무등산에 아침 해가 놓여 있다.

해는 바퀴가 되어
하늘의 안쪽을 닦으며
서서히 걸어 나오고 있다.

벌거벗은 광주 아이들 한 만 명쯤
뛰어노는 모양으로 예쁜 깃털을 세우고
해는 그렇게 날아오른다.

나무들이 손을 흔든다
새들도 따라서 떼지어 날아간다
도시가 일어서고 있다
아, 광주의 아이들이 모두 일어나
달려가고 있다.

바쁘기만 하다

—해 · 46

지루한 장마
그 장대비가 후려치고 간 자리마다
묻어 있는 아픔들.
며칠 만에 돌아온 해는
그래서 바쁘기만 하다.

구부러진 풀잎들의 허리를
일으켜 세우는 일.

미처 다 펴지 못하고 떨어질 뻔한
꽃봉오리의 물기를 털어내는 일.

하루살이랑, 매미랑, 들땅개비랑,
그리고 산새 새끼들의 날개랑
펴서 말리는 일.

아, 하마터면 지나칠 뻔했구나
작지만 낱낱이 풀씨들을 익히는 일.

나들이 갔다가 돌아온 해는
바쁘기만 하다.

따뜻한 빛

—해 · 47

사과 알에 다독여 온
해의 이야기

여름 내내
고추 속에 넣어 둔
해의 이야기

가을이면
빨갛게 여물어
그래서 해처럼
붉기만 하다.

대추 알도 빨갛고
대롱감도 빨갛고……

언제나 따뜻한 빛으로
살아 있는
우리들의 해
빨간 해.

따뜻한 손길
—해 · 48

해에게는
귀한 것도 천한 것도 없다.
버려진 것도 없다.
햇살로 따뜻한 해의 마음
바람으로 조용한 해의 소리
아지랑이로 부드러운 해의 손

하루만 해가 없어도 살 수 없다.
그래서 사람들은 해를 바라보며 산다.
그래서 짐승들도
해를 보며 산다.
나무도 풀도 해를 보며 산다.

그늘진 곳을 찾아서
축축한 곳을 찾아서

누에 기르는 엄마의 손처럼
따뜻한 해의 손길
언제나 조용하고
언제나 부드러운 해.

한낮에

—해 · 49

해는 심심할 때가 많다.
아무도 없는 한낮.

뜨락에 내려가서
벌레 기어가는 것을
굽어보다가

아장아장 걸어 나오는
착하디착한 꽃들을
매만지다가

텃밭에서
옥수수 금니로
반짝이다가

귀를 세워
풀잎들의 이야기를 엿듣는다

아, 그래도 해는
심심할 때가 많다.

하늘 나라 이야기가 하얗게 내린
메밀밭에 가서
가만히 웃고만 있다.

공

—해 · 50

날아오르고만 싶은 공
부풀게 꿈을 안고
튀어 오른다.
칭칭 빛을 감고
해가 솟아오른다.

해가 오르면
바다가 일어선다.
들이 일어선다.
산이 일어선다.
나무가 일어선다.

해가 떠오르면
집집마다 아이들이 튀어나와
어둠을 깨뜨리며 달려간다
집집마다 하나씩 해가
튀어 오른다.
공이 튀어 오른다.

당산 나무

—해 · 51

오늘 아침에도 당산 나무는
또 하나 해를 받는다

날마다 하나씩 해를 받아
하늘 높이 띄워 올리는 나무.

옛날 옛날 아주 먼 옛날부터
할아버지의 할아버지
아주 먼 할아버지 때부터
이 마을 아이들의 놀이터가 되었어요
해받이 당산 나무.

밝은 해를 띄워 올리며
아이들의 꿈을 띄워 올리며
더 싱싱하게 더 튼튼하게
서 있는 나무

오늘 아침에도 또 하나
해를 띄워 올리고 있다.

맨 먼저 본다

—해 · 52

울타리 너머로 고개를 쑥 내밀고
해를 기다리며
바라보는 해바라기.

누가 오는가
누가 지나가는가
지켜 보고 있는 해바라기.
논에서 오시는 아빠를
맨 먼저 본다
밭에서 오시는 엄마를
맨 먼저 본다.

해바라기는
귀를 세우고 다.듣는다
여름이 달려가는 소리를
가을이 오는 소리를.

해를 닮은 얼굴로
해가 굴러가는 소리를 듣는다.
해의 이야기를
다 듣는다.

겨울에도

—해 · 53

나뭇가지에도 들 끝에도
산에도 강에도 눈이 내립니다.

이 겨울 그러나
나무들의 잔가지는 자라고 있습니다.
이 겨울
깊은 골짜기에서는
토끼들이, 다람쥐들이
꿈을 꾸고 있습니다.

덜 여문 새소리 몇 점이
아픈 추위를 견디고 있지만
이 겨울에도
골목길 가득 가득
아이들이 자라고 있습니다

수백 리 길을 돌고 돌아온
긴긴 강 이야기를 들으며
들에서는 온갖 풀들이
꿈을 꾸고 있습니다.

산 이야기를 귀에 담으며
땅 밑에서는 지금도
물이 흐르고 있습니다.
하늘에는 해가 지나고 있습니다.

새하얀 빛 소금

—해 · 54

바다에 떨어진 햇빛들이
파도에 닦이고 있다.

닦이고 닦이다가
더 하얗게 빛나는
햇빛.
햇빛.

바다에서
햇빛을 건져 올리면
어느새 바다는
하얀 소금이 된다.

소금마다 묻어 있는
바다 냄새
소금마다 묻어 있는
새하얀 빛.

기운을 내자

—해 · 55

다시 더 동그랗게 동그랗게
해를 궁굴리며
또 한 해
기운을 내자.

운동장에 넘치는 힘을 보아라
교실마다 타오르는 눈을 보아라
싱싱한 햇덩이를
한 입에 베어 먹고
새해엔 기운을 내자.

빨갛게 빨갛게 타오르는 마음
푸르게 푸르게 살아 오르는 가슴

다시 더 커다랗게 커다랗게
해를 궁굴리면서
또 한 해
기운을 내자.

발가벗은 채로

—해 · 56

가진 것 다 내어 주고
발가벗은 채로
온종일 돌아다니는 해.

금빛 사다리로 내리어
어린 새싹들 곁으로 가서
한 줌씩
햇볕을 나눠 주다가

소나기가 지나간 뒤에는
정성스레 한 잎씩
물기를 닦으며 걸어가더니

깊은 산 속 바위 서리
그늘로 가서
가만히 쉬었다가 가는
해.

제5부

해의 발자국을 따라가 보면

거울마다 한 개씩

—해 · 57

해가 와서 노는 가게
거울마다 한 개씩 들어가
해가 놀고 있는 거울 가게

이쪽 거울에서 저쪽 거울로
뛰어다니는 해들
거울 가게는 해의 놀이터.

빨갛게 빨갛게
타오르는 해
거울이 팔릴 때마다
한 덩이씩 실려 가는 해

불타는 빌딩

—해 · 58

온통 유리창으로 둘러싸인
빌딩
빌딩 속에 가득 차 있는
하늘

빌딩 속에는
해가 살고 있다.
빌딩 속에는
구름도 살고 있다.

저녁놀이 피어날 때면
온통 빨갛게 불타는
빌딩.

몹시 바쁘다

—해 · 59

해가 떠오른다
우리 집에 와서
가만히
꽃을 들여다보고 간다

추석이 내일 모레인데
해는 몹시
바쁘다

대추, 밤, 사과, 배
차례 지낼 과일이랑
햅쌀밥 지을 나락이랑
익히느라
몹시 바쁘다.

빛을 내리고 있다

—해 · 60

던져진 씨앗이 알맞은 깊이의 제자리에
자리를 잡을 때까지
연약한 뿌리를 조심스레 내어 뻗을 때까지
그 다음에 조금씩 조금씩 물을 받아먹을 때까지
얼마나 오랫동안
해가 지켜 보고 있었는지 아느냐

혼자 피었다가
혼자 씨 맺는 풀꽃이라 하지만
해는 쉬지 않고 빛을 내리고 있다.
내려다보고 있단다.

까치집

—해 · 61

맨 먼저 해님이 찾아가는 곳
미루나무 가지 끝
까치집.

바람도 와서 흔들다 가고
달도 들렀다 가고
별들이 놀다 가는 곳

그래서 까치는
기쁜 소식, 세상 소식을
맨 먼저 안다.

해님이 지기 전에
마지막 들르는 곳
미루나무 가지 끝
까치집.

낮에 그리는 그림

—해 · 62

갓 빚어낸 해 한 덩이가
금빛 화살을 쏘며 떠오른다.

해의 발자국을 따라가 보면
작은 잎새 하나까지도
찬찬히 물들이고 있다.
작은 풀잎 하나까지도
색색으로 수놓고 있다.

돌멩이 하나 나무 한 그루
크면 큰 대로, 작으면 작은 대로
닿는 곳마다
그림자를 놓고 다니며

해가 그리는 그림
낮에 그리는 그림

따뜻한 목소리

—해 · 63

봄날, 솜사탕 같은 세상
사르르 부풀어 오르는 날

고추는 고추밭에서
감자는 감자밭에서
콩은 콩밭에서
각기 제자리에서 자란다.

생긴 모양은 모두 달라도
다같이 듣는 소리
따뜻한 목소리
해님의 소리.

들녘

—해 · 64

곡식을 거둬들이고 나서
풀잎도 시들어 버리고
나뭇잎도 져 버린 텅 빈 들녘
겨울 빈 들녘엔 아무도 없다.
하얗게 내린 눈뿐
아니다 텅 빈 들녘이 아니다.
비록 아무것도 없어 보이지만
늘 따뜻한 해가 있다.
봄을 기다리는 것들이 있다.
잠자는 개구리, 나비, 땅강아지
꽁꽁 씨앗으로 숨어 있는
저 풀씨들
흙살을 꽉 붙잡고 있는
풀뿌리, 나무뿌리

자동차 바퀴보다

—해 · 65

우리 집 마당에 떨어지는
아침 신문

그 신문을 위하여
밤잠을 자지 않고 달려온 것은
자동차 바퀴

자동차 바퀴보다
더 빨리 달려온 것은
둥근 해

어둠 속에서 구을러 온
해.

설날 아침

—해 · 66

햇살을 풀어
간지럼 먹이고 다니는
해를 보아라.

설날 아침
온 세상 아이들에게
웃음을 나눠 주고 다니는
해를 보아라.

만지는 자리마다
손끝에 묻어나는
햇살.

보이는 자리마다
눈길에 보이는
햇살.

如斯
觀其瀾

햇살 한 줌

—해 · 67

길가에서 채소를 팔고 있는
아주머니들
할머니들

배추, 무우, 파, 상추……

채소 한 줌 팔 때마다
햇살 한 줌 얹어 주는
아주머니들
할머니들

꿈 가득 채워

—해 · 68

뽕잎을 삭여 먹고
은실을 빚어내는 누에.

푸른 하늘 사각사각
갉아먹다가
햇빛 한 줄기 뽑아내어
집을 짓는다.

방 한 칸에 꿈 가득 채워
촘촘히 엮는다.

해의 불씨

—해 · 69

고추밭에서 뜨거운
불씨가 타고 있다.

고추 속의 고추벌레는
맨몸으로 기어다니며
불씨를 갉아먹는다
뜨거운 줄도 모르고

고추밭에서 엄마가
해 씨를 따고 있다.

해의 씨앗

—해 · 70

꽃씨 속에는
작년에 담아 둔 해의 씨가 들어 있다.
땅 속에 묻어 둔 씨앗들이 모자를 쓰고 나와
삐쭉 고개를 내민다.
저마다 작은 깃발을 흔든다.
날개를 편다.

뜨거운 여름이 지나는 동안
해바라기 씨에 담기는 해
맨드라미 씨에 담기는 해
붕숭아 씨, 분꽃 씨에 담기는 해
작은 씨앗마다
이 다음의 시간들이 들어찬다.
꿈이 여물고 웃음이 고인다.

찬란하게 빛나는 가을날
이제 익어 가는 것들 앞에서
두 손으로 꽃씨를 받는다.
조심스레
해의 씨앗을 받는다.

| 해설 |

'해'의 동시인 전원범

이정석 | 동시인, 아동문학평론가

1. 들머리

한국문학사를 살펴보면 '해'보다는 '달'에 대한 작품이 훨씬 많다. 특히 시가 쪽에서 '달'의 문학이 상당한 강세를 보인다. 백제가요 「정읍사」 '달하 높이곰 도ᄃᆞ샤/어기야 머리곰 비치오시라~'에서 시작하여, 향가의 「원왕생가」, 「찬기파랑가」 등으로 이어지다가, 조선시대 가사와 시조문학에서 달빛이 도도한 큰 강물이 되어 우리 국문학을 풍성하게 만들었다. 현대에 들어와서도 여전히 '달'은 조지훈, 나도향 등 많은 문학인들의 찬미 대상이 되고 있다.

그러나 '해'의 문학은 상황이 전혀 다르다. 산문 쪽의 설화뿐만 아니라 시가에서도 '해'와 관련된 작품들이 그리 많지 않다. 신화로는 거의 유일하게 '연오랑과 세오녀'가 있고, 전설에는 '해와 달이 된 오누이' 등 몇 개 정도만 있다. 어쩌면 '달'이 가지는 청정(淸淨), 여유, 광명, 유현, 적막, 고독, 그리움 등의 서정적 정조(情操)가, 창조나 권력, 영웅 등으로 표현되는 '해'의 그것보다 훨씬 한국인과 심리적 동질감을

더 강렬하게 느꼈기 때문이 아닌가 한다. 다른 측면으로 보면 고려나 조선 시대 임금이라는 절대적 군주를 상징하는 '해'를 문학적 대상으로 삼아, 역적 모반을 꿈꾸는 불경스러운 자가 아니라면 감히 용감하게 노래할 수 있었을까.

전래동요 쪽에서도 같은 경향을 보이는데, 전원범 시인이 저술한 『한국 전래동요 연구』(바들산, 1995, 266~267쪽)에서도 근대 들어와 채집된 자연현상 동요 146편 중에서 해와 관련된 동요가 불과 5편뿐으로 달과 관련된 동요 38편보다 그 수가 훨씬 적은 것을 알 수 있다. 우리가 어렸을 적에 불렀던 동요 「해야 해야」도 기억 속에 남아 있는 '해'와 관련된, 몇 안 되는 동요가 아닌가 한다.

> 해야 해야 나오너라.
> 김칫국에 밥 말아 먹고
> 장구치고 나오너라.
>
> —전래동요 「해야 해야」 전문

여름날 강물 속에서 입술이 파래지도록 놀다가 모래톱에 앉아 몸뚱아리를 두드리며 해를 기다리는 아이들의 노래이다. 물론 이 전래동요 「해야 해야」도 해를 직접 노래의 대상으로 삼지 않았음을 알 수 있다.

그런데 8·15 해방이 된 뒤 박두진 시인의 작품 「해」의 출현으로 말미암아 '해'가 문학의 중요한 위치를 차지하게 되었다. 일제시대라는 어두운 시절을 벗어나 민족의 광명과 희망의 상징으로 '해'가 자연스럽게 시인의 내부에서 분출되어 작품으로 형상화되었다. '해야 솟아라. 해야 솟아라. 말갛게 씻은 얼굴 고운 해야 솟아라. 산 넘어 산 넘어서 어둠을 살라 먹고, 산 넘어서 밤새도록 어둠을 살라 먹고, 이글이글 애띤 얼굴 고운 해야 솟아라.~' 참신한 새 역사의 아침이 오기를 열정적인 심정으로 기원하고 있음을 볼 수 있다. 박두진 시인의 「해」가 나오기 전까지 문학적 대상으로서 '해'가 전무 또는 미미했던 것을 상기해 보면 박두진의 역할은 '달'문학이 전부로 알았던 고정관념을 깨 버린 혁명이었다고 할 수 있다. 그래서 보통 박두진 시인을 두고 '해의 시인'이라고 한다.

그동안 동시문학에서 '해'에 대한 작품이 간단한 개별적인 형태로 발표된 적은 있다. 그러나 21세기 오늘에 와서야 드디어 아동문학에서도 '해'의 문학이 완성되었다고 할 수 있다. 전원범 시인이 있기 전까지 아동문학에 '해'문학이 없었다고 할 수 있다. 그래서 전원범 시인을 '해의 동시인'이라 불러도 좋을 것이다.

2. '해'의 순환성

우리는 보통 해(太陽)를, 눈부신 강렬한 빛과 불과 살갗을 태우는 뜨거움과 유일함을 지닌 존재로 인식한다. 그런 이유로 '해'는 남성적인 힘, 절대적 권력, 창조, 절대적 가치, 항구적 절대 불변성, 유일성, 힘, 지성, 강렬함이라는 문학적 의미를 내포하고 있다. 이성, 질서, 조화를 상징하는 고대 그리스 신화 속 태양의 신인 아폴론을 생각하면 알 수 있을 것이다.

아동문학에서는 일반 문학에서 쓰이는 '해'의 상징성을 그대로 차용하기가 쉽지 않다. 동심을 전제로 하기 때문이다. 전원범 시인은 태양을 동심 속으로 끌어당겨 순수하고 밝은 빛을 지닌 '해'를 순진한 아이로 비유하면서 희망, 아름다움, 평등 등 여러 의미를 가진 존재로 표현하고 있다.

그는 강한 빛을 발산하는 해를 단순한 시각적 존재로만 두지 않고 시각과 청각, 촉각으로 접근할 수 있는 복합적 실체로 파악하고 있다.

소리라는 소리는 모두 거두어 가지고
빛깔이라는 빛깔은 모두 거두어 가지고
밤 내내 무엇을 하는가
어디서 잠을 자다가
해는 또
저리도 일찍 일어났을까

새벽녘서부터 해는
색칠하기에 바쁘다
꽃은 빨간 꽃이게 하고
잎은 파란 잎이게 하고

세상 모든 것들에게
하나씩 또 하나씩
소리를 놓고 다니기에 바쁘다.
새에게는 새소리를
풀벌레에겐 풀벌레 소리를……

빛깔이라는 빛깔을 모두 풀어 놓고
소리라는 소리는 모두 달아 놓고
해가 산마루에서
일어서고 있다.

—「일어서고 있다—해 23」 전문

작품「일어서고 있다」는 해의 다양한 역할을 노래하고 있다. 해는 눈으로 인식하는 아름다운 세상의 빛깔을 줄 뿐만 아니라 귀로 들을 수 있는 달콤한 소리까지 제공하는 절대자로 해석하고 있다. 일반적으로 태양은 시각과 촉각 이미지를 주지만 놀랍게도 전원범 시인은 거기에다 청각적 이미지를 추가로 찾아내고 있다.

1연의 '소리라는 소리는 모두 거두어 가지고/빛깔이라는 빛깔은 모두 거두어 가지고'와 마지막 연의 '빛깔이라는 빛깔을 모두 풀어 놓고/소리라는 소리는 모두 달아 놓고'를 서로 대비시키면서 해를 아침과 저녁을 통해 빛깔과 소리를 동시에 회수하고 부여하는 존재로 표현하고 있다.

해는 상승과 하강의 이중적 의미를 가지고 있다. 그 중에서 이 동시집에는 비교적 아침 상승의 의미를 강하게 사용하고 있음을 발견할 수 있다. 새출발, 도약, 긍정, 희망의 메시지를 나타내고 있다고 할 수 있다. 위의 작품의 마지막 연 '해가 산마루에서/일어서고 있다.'에서 보듯이 하루 일과를 위해 새출발하면서 독자들에게 희망을 안기고 있는 것이다. '빨간 해를 차고 싶다.'(해 1, 1연), '그 나무들 사이로 하나/빨간 해가 굴러 오고 있다.'(해 26, 3연), '파랗게 날아오른다.'(해 20, 2연), '해는 일제히 화살을 쏜다.'(해 44, 1연), '집집마다 하나씩 해가/튀어 오른다./공이 튀어 오른다.'(해 50, 3연), '갓 빚어낸 해 한 덩이가/금빛 화살을 쏘며 떠오른다.'(해 62, 1연)에서 밑줄 친 시어들은 모두 생명력이 충일하게 상승하는 의미를 지니고 있다.

① 기도하는 엄마의 목소리
모두가 가라앉는 저녁
아가가 잠드는 시간이면
해도 가만히

내려옵니다.

아가는 꿈속에서
해를 가지고 놉니다.
활개를 치며 달립니다
두 발과 두 손으로 해를 굴리며
꿈을 꿉니다.

—「아가는 꿈속에서—해 31」 1~2연

② 풀숲에서 놀던 햇빛들이
미처 해를 따라가지 못하고
밤에야 불씨로
날아오른다.

어둠 속에서
어둠 속에서
반디가 되어 날아오른다.
파랗게 날아오른다.

—「반디가 되어—해 20」 전문

작품 ①「아가는 꿈속에서」와 ②「반디가 되어」는 서산으로 숨어 버린 해가 어둠 속으로 사라지지 않고 아가의 꿈속으로 들어오거나 반디로 변신하여 그 생명력을 유지하고 있음을 표현하고 있다. ①'해⇨아가잠⇨꿈'이나 ②'해(햇빛)⇨불씨⇨반디'의 변화가 매우 자연스럽게 처리되어 있다. ①에서는 '두 발과 두 손으로 해를 굴리며' 꿈을 꾸는 아가에게서 희망의 싹을 틔우며 성장하고 있음을 보여주고 있고, 특히 ②의 작품을 통해 어쩌면 밤에 보이는 모든 빛, 즉 인공적인 가로등, 전깃불까지 모두 낮의 해가 남겨 놓은 또 다른 형태의 해의 잔영일 수 있음을 암시하고 있는지 모른다. ①「아가는 꿈속에서」와 ②「반디가 되어」는 모두 해의 하강 장면을 노래하고 있지만 소멸과 암흑, 퇴보와 추락보다는 이미지 전환을 통한 긍정적 희망을 보여주고 있다.

해는 아침에 떠서 저녁에 지는, 매일 밝음과 어둠을 반복하는 모습을 보여준다. 말하자면 상승과 하강, 또는 긍정과 부정의 교차 반복적 순환성을 지니고 있다고 할 수 있다. 하지만 이 동시집에서는 해의 반복적 순환성이 결코 나타나지 않고 있다. 즉 앞의 작품「일어서고 있다」는 아침에 상승하는 해의 이미지를 보여주고, ①「아가는 꿈속에서」와 ②「반디가 되어」에서는 '꿈'이나 '반디'와 같은, 또 다른 해의 상승 이미지를 보여주고 있다. 긍정과 긍정, 상승과 상승이 계속 반복적으로 나타나는 동일 반복적 순환성을 지니고 있다고 할 수 있다.

3. '해'의 의미

전원범 시인은 이 동시집을 통해 해의 다양한 속성을 찾아내고 있다. 해를 어린이와 동일한 인격체로 부여하면서 희망의 존재, 완성, 평등, 봉사와 희생 그리고 강렬한 힘을 보여주고 있다.

첫째, 찬란하게 빛나는 아침 해가 솟아오르며 던져 주는 미래의 희망을 나타내고 있다. 모든 인간의 심연에는 희망을 의미하는 동심의 해를 안고 살고 있다.

③ 햇살을 풀어
간지럼 먹이고 다니는

해를 보아라.

설날 아침
온 세상 아이들에게
웃음을 나눠 주고 다니는
해를 보아라.

—「설날 아침—해 66」 1~2연

④ 묵은 날을 불지르며 해는 하루의 문을 연다.
해를 맞으러 온 나무들이
기지개를 켜며 서 있는 이른 아침
잎사귀마다 빛을 터는 소리가 들린다.

—「또 하나의 세상—해 42」 일부

⑤ 날아오르고만 싶은 공
부플게 꿈을 안고
튀어 오른다.

해가 오르면
바다가 일어선다.
들이 얼어선다.
산이 일어선다.
나무가 일어선다.

—「공—해 50」 1~2연

③「설날 아침」이나 ④「또 하나의 세상」이나 ⑤「공」은 해가 가지는

희망성을 노래하고 있다. '간지럼을 먹이고', '웃음을 나눠 주고 다니고', '하루의 문을 연다'는 것이다. ⑤「공」에서는 '해=공'의 등식을 이용해 꿈을 안고 튀어 오르는 해처럼 바다와 들과 산과 나무가 꿈을 안고 일어난다는 것이다. 해는 지구의 온갖 생명체에게 희망의 꿈을 선사하는 존재인 것이다.

둘째, 해는 불완전한 것을 완전하게 만들고, 부족한 것을 채우고, 아직 덜 여문 것을 완성시키는 존재로 표현하고 있다.

바다에 떨어진 햇빛들이
파도에 닦이고 있다.

닦이고 닦이다가
더 하얗게 빛나는
햇빛.
햇빛.

바다에서
햇빛을 건져 올리면
어느새 바다는
하얀 소금이 된다.

—「새하얀 빛 소금—해 54」 1~3연

작품 「새하얀 빛 소금」은 해의 강렬한 빛과 뜨거움을 통해 간절히 희구하는 소금을 완성시키는 과정을 노래하고 있다. 여기서 하얀색은 순결성, 결점이 없는 완벽성을 의미한다. 결국 햇빛은 순수한 빛깔이며, 해는 완성을 도와주는 조력자로 표현하고 있다.

셋째, 해는 세상 그 누구에도 편견을 가지지 않으며, 어떠한 이유에서도 결코 차별하지 않는 평등과 공평무사를 행하는 존재라는 것이다.

누구의 가슴에나 살아서
누구의 가슴에나
떠오르는 해.
누구의 가슴에나 내려서
누구의 가슴에나
잠자는 해.

—「누구의 가슴에나—해 7」 일부

작품 「누구의 가슴에나」처럼 해는 건강한 사람에게도, 병든 사람에게도, 피부의 색깔과 관계없이 골고루 따사로움과 빛살을 뿌려 준다. 또한 모든 이의 가슴에 평등하게 파고들어 각자가 알맞은 꿈과 이상을 만들어 준다.

넷째, 해는 어려울 때 힘을 주고, 남을 위해 희생 봉사하는 이타적인 사랑을 베푸는 존재라는 것이다.

⑥ 아무리 추운 겨울에도
아이들을 이기지는 못한다.
벌판을 달리는
아이들을 말리지 못한다.

아이들에겐 추위가 없다
아이들에겐 겨울이 없다
저마다 하나씩

해가 있기 때문이다.

—「저마다 하나씩—해 30」 1~2연

⑦ 가진 것 다 내어 주고
발가벗은 채로
온종일 돌아다니는 해.

금빛 사다리로 내리어
어린 새싹들 곁으로 가서
한 줌씩
햇볕을 나눠 주다가

소나기가 지나간 뒤에는
정성스레 한 잎씩
물기를 닦으며 걸어가더니

—「발가벗은 채로—해 56」 1~3연

작품 ⑥「저마다 하나씩」은 슬픔과 좌절 그리고 고난이 다가오면 힘과 용기를 주는 해의 모습을 그리고 있고, 작품 ⑦「발가벗은 채로」는 자신이 가지고 있는 물질뿐만 아니라 마음까지 모든 것을 남을 위해 베풀고, 정성과 사랑으로써 희생 봉사하는 해를 표현하고 있다. '발가벗은 채'는 자신의 속살을 보여주는 행위로 행동의 진정성과 내면의 순수성을 부여한다. 군림하지 않는 자세, 희생 봉사하는 태도를 지니고 있다는 것이다.

4. 마무리

'해의 동시인' 전원범은 동시문학에서 남도를 뛰어넘어 현재 한국 아동문단을 대표하는 시인이다. "1970년대 등단하여 동시, 자유시, 시조 등 여러 형식을 체득하면서 얄팍한 언어유희를 경계해 오고 있는 전원범. …… 기존의 통념을 깨뜨리고 새롭게 의미를 창조하는 시적 형상화에 치중하다 보니 자연히 과작(寡作)에 머문다."(『한국현대아동문학 작가작품론 Ⅱ』, 청동거울, 2001, 225쪽)는 아동문학평론가 최용의 지적은 지금도 유효하다. 그렇게 전원범은 해의 연작동시를 30여 년 넘은 세월을 보내면서 천천히 작품을 구상하고 완성하였다.

이 동시집에서 전원범 시인의 예리하고 섬세한 관찰력이 돋보인 작품을 읽다 보면 그의 시적 조탁 능력과 아울러 작품의 완성도가 높다는 사실을 알 수 있다.

⑧ 아침에 일어나서
돌아다녀 보면
이상한
일들도
참 많다.
떠오르는 해는
하나인데
사방에 흩어져 있는
별 같은
해 씨들.
가장 커다란 해가
가장 작은 이슬 방울 속으로

들어가서
가장 작은 빛으로
가장 크게
웃는다.

—「이슬 방울 속으로—해 14」 전문

⑨ 금실을 풀어서
은실을 풀어서
해는 그물을 짠다.
연두빛으로 그물을 짠다.

아무리 먼 곳이라도
펼쳐지는
해 그물
아무리 외진 곳이라도
촘촘한
빛 그물

이쁜 봄 그물에
노랑나비가 걸린다.
하얀 나비가 걸린다.
호랑나비가 걸린다.

—「그물을 짠다—해 37」 전문

작품 ⑧「이슬 방울 속으로」는 헤아릴 수 없는 아침 이슬마다에 투명하게 담겨 있는 해의 모습을 아름답게 표현하고 있는 동시이다.

이 작품에서는 오목렌즈와 볼록렌즈를 이용한 과학 실험과 같은 과정이 그려져 있다. '커다란 해(11행)' 가 오목렌즈를 통과하여 '작은 이슬 방울(12행)' 속으로 들어가 '작은 빛(14행)' 이 되었다가 다시 볼록렌즈를 통과해 '가장 크게(15행)' 웃고 있다는 것이다. 결국 하나의 태양이 수많은 이슬 방울 속의 빛 웃음으로 변화하는 과정을 섬세하게 그리고 있음을 알 수 있다.

작품 ⑨「그물을 짠다」는 고운 햇살을 시각적 이미지로 아름답게 표현한 동시로 햇살이 침투하는 숲 속을 정교하게 촬영한 몇 장의 사진을 보는 듯 착각을 일으키고 있다.

전원범 시인의 작품을 온전히 이해하지 못하면서 알량한 알음으로 몇 자 적었는데 전원범 시인에게 누가 되지 않았나 모르겠다. 연작동시집 출간을 축하하면서 앞으로도 좋은 시, 좋은 동시, 좋은 시조를 많이 쓰시길 기원한다.